Impressum
Verlag: BABADADA GmbH, Nedderfeld 112 , 22529 Hamburg
Geschäftsführer / Verlagsleitung: Harald Hof
Druck: Books on Demand GmbH, In de Tarpen 42, 22848 Norderstedt

Imprint
Publisher: BABADADA GmbH, Nedderfeld 112 , 22529 Hamburg, Germany
Managing Director / Publishing direction: Harald Hof
Print: Books on Demand GmbH, In de Tarpen 42, 22848 Norderstedt

el colegio
سکول

dividir
تقسیم

186/2

el pizarrón
بورڈ

el aula
کلاس روم

el patio de la escuela
سکول نا میدان

el maestro
استاد

el papel
کاغذ

escribir
لکھنا

la birome
قلم

el escritorio
میز

la regla
سکیل

el libro
کتاب

el alumno
شاگرد

la mochila
جزدان

la caja de lápices
پینسل دا ڈبہ

el lápiz
پینسل

el sacapuntas
پینسل شارپنر

la goma (de borrar)
ربر

el bloc de dibujo
ڈراننگ پیڈ

el dibujo

ڈرائنگ

el pincel

پینٹ برش

la caja de pinturas

پینٹ باکس

la tijera

قینچی

el pegamento

گلو

el cuaderno de ejercicios

مشقی کتاب

la tarea

گھر دا کم

el número

عدد

sumar

جمع

restar

تفریق

multiplicar

ضرب

calcular

کیلکولیٹ

la letra

خطرہ

el abecedario

حروف تہجی

la palabra

لفظ

el colegio - سکول

3

el texto

متن

leer

پڑھنا

la tiza

چاک

la lección

سبق

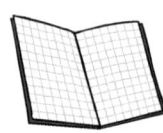

el cuaderno de clase

رجسٹر

el examen

امتحان

el certificado

سند

el uniforme escolar

سکول کی وردی

la educación

تعلیم

la enciclopedia

انسائیکلوپیڈیا

la universidad

یونیورسٹی

el microscopio

مائیکرو سکوپ

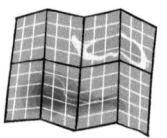

el mapa

نقشہ

el tacho (de basura)

کچرے کا ڈبہ

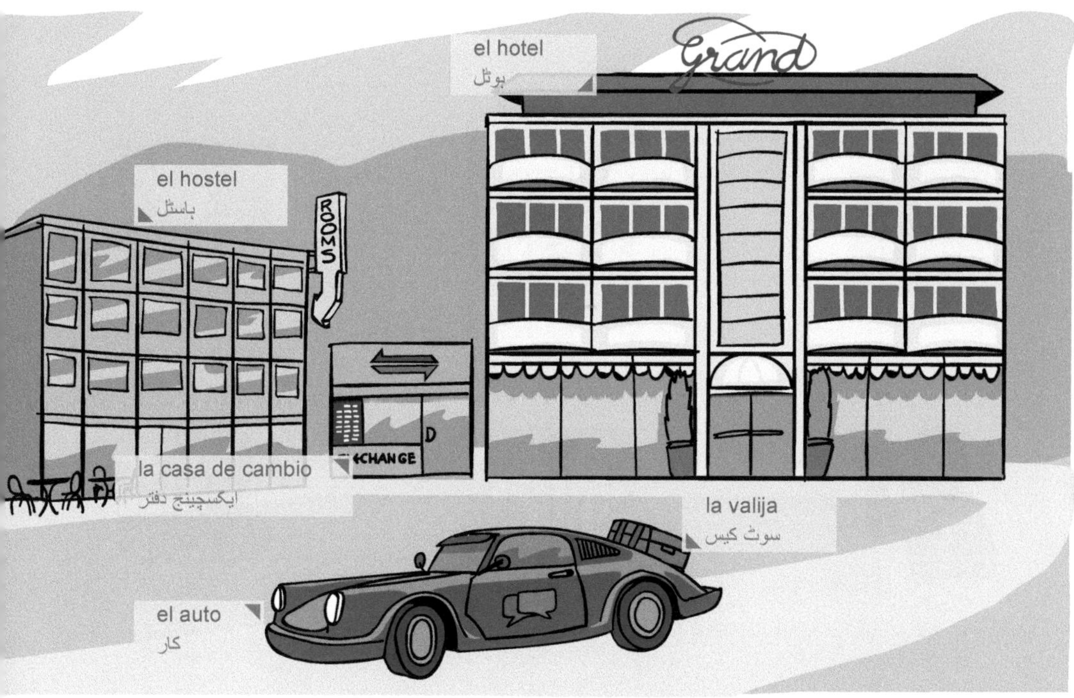

el hotel
ہوٹل
Grand
el hostel
ہاسٹل
ROOMS
la casa de cambio
ایکسچینج دفتر
la valija
سوٹ کیس
el auto
کار

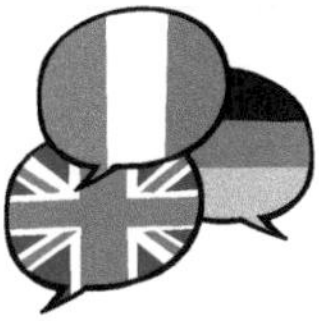

el idioma

بولی

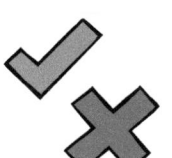

sí / no

ہاں /نئیں

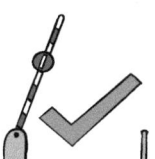

Está bien

ٹھیک ہے

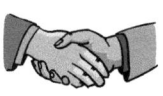

hola

اسلام و علیکم

el traductor

ترجمان

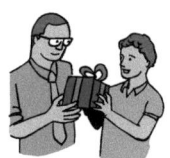

Gracias

شکریہ

¿cuánto cuesta…?

ایہہ کنے نے ؟

No entiendo

می سمجھ نئیں رلی

el problema

مسئلہ

¡Buenas tardes!

اسلام و علیکم

¡Buenos días!

اسلام و علیکم

¡Buenas noches!

اللہ حافظ

el adiós

اللہ نے حوالے

la dirección

سمت

el equipaje

سامان

el bolso

بیگ

la mochila

بیک پیک

el invitado

مہمان

la habitación

کمرہ

la bolsa de dormir

سلیپنگ بیگ

la carpa

خیمہ

la información turística

سياح لئی معلومات

la playa

ساحل سمندر

la tarjeta de crédito

کریڈٹ کارڈ

el desayuno

ناشتہ

el almuerzo

دوپہر نا کھانا

la cena

رات نا کھانا

el pasaje

ٹکٹ

el ascensor

لفٹ

el sello

مہر

la frontera

بارڈر

la aduana

کسٹمز

la embajada

ایمبیسی

la visa

ویزا

el pasaporte

پاسپورٹ

el transporte

ٹرانسپورٹ

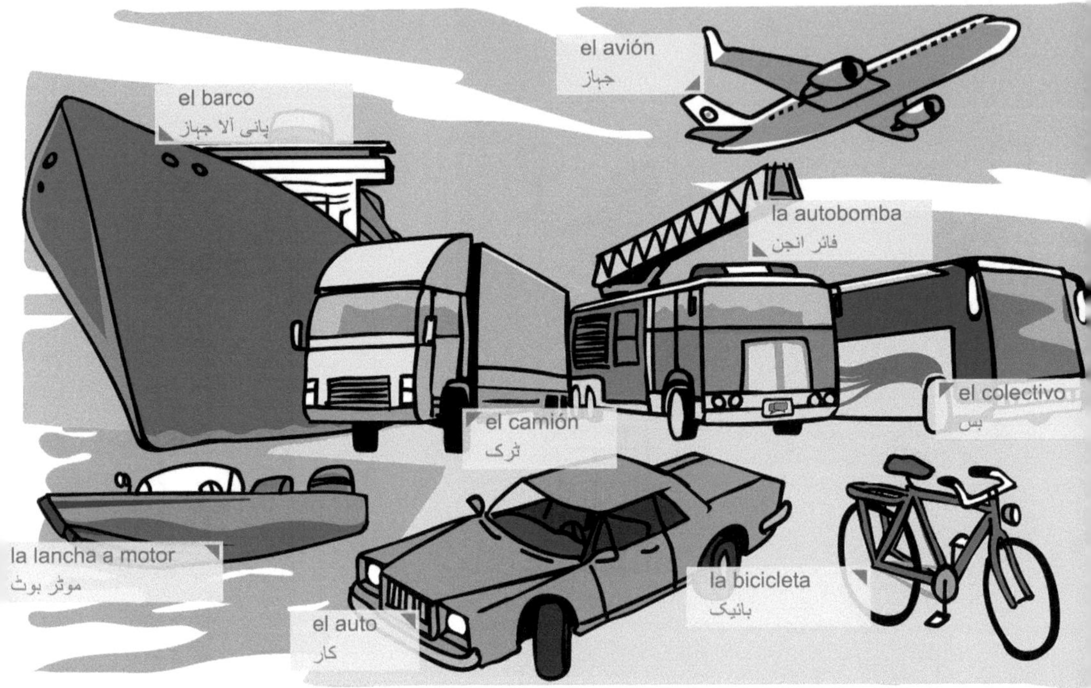
el avión
جہاز
el barco
پانی آلا جہاز
la autobomba
فائر انجن
el colectivo
بس
el camión
ٹرک
la lancha a motor
موٹر بوٹ
la bicicleta
بائیک
el auto
کار

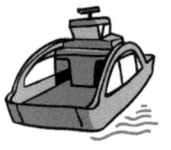

el ferry

فیری

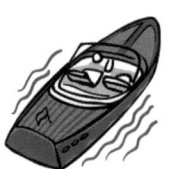

el bote

کشتی

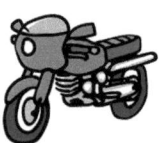

la moto

موٹر بائیک

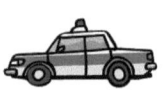

el patrullero

پولیس کار

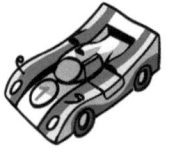

el auto de carreras

ریسنگ کار

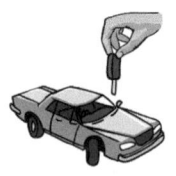

el auto de alquiler

کرایہ نی گڈّ

el alquiler de autos

کار شیئرنگ

la grúa

بریک ڈاؤن ٹرک

el camión de la basura

ریفیوز ٹرک

el motor

موٹر

la nafta

فیول

la estación de servicio

پٹرول سٹیشن

la señal de tránsito

ٹریفک سائن

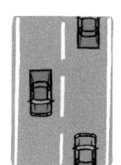

el tránsito

ٹریفک

el embotellamiento

ٹریفک جام

el estacionamiento

کار پارک

la estación de tren

ریل سٹیشن

las vías

ٹریکس

el tren

ریل

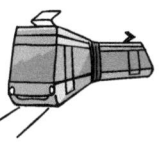

el tranvía

ٹرام

el vagón

کیرج

el helicóptero

ہیلی کاپٹر

el aeropuerto

ائر پورٹ

la torre

مینار

el pasajero

مسافر

el contenedor

کنٹینر

la caja de cartón

کاٹن

la carretilla

چھکڑا

la canasta

بالٹی

despegar / aterrizar

اڈنا / لہنا

la ciudad

شہر

el pueblo

پنڈ

el centro de la ciudad

سٹی سینٹر

la casa

گھار

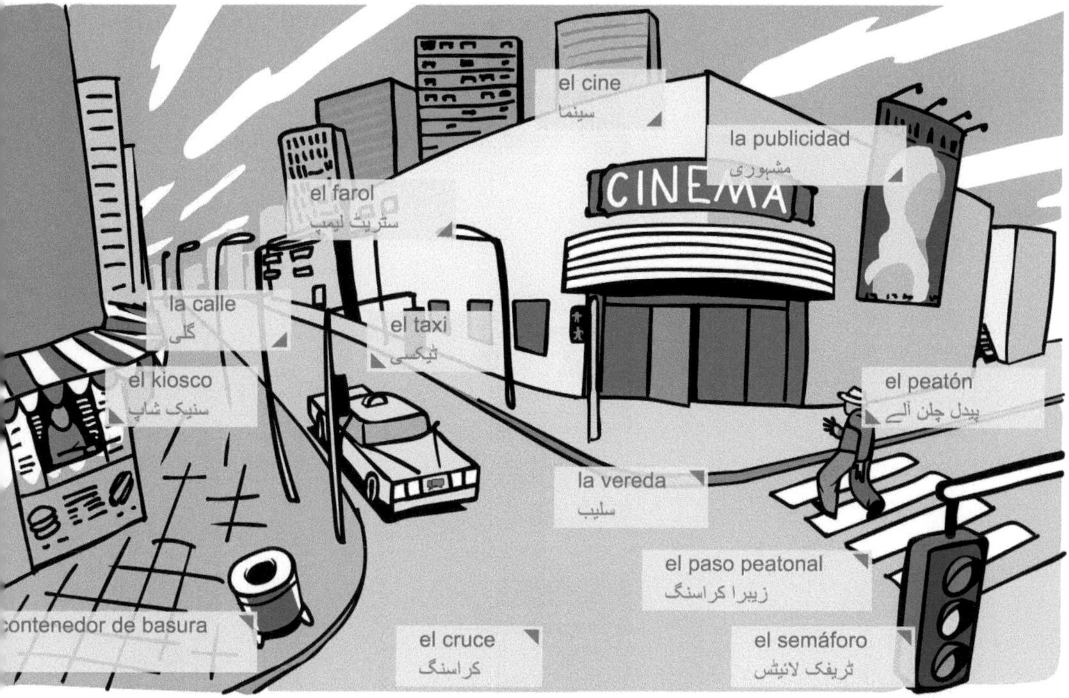

el cine
سینما

la publicidad
مشہوری

el farol
سٹریٹ لیمپ

la calle
گلی

el taxi
ٹیکسی

el kiosco
سنیک شاپ

el peatón
پیدل چلن آلے

la vereda
سلیب

el paso peatonal
زیبرا کراسنگ

contenedor de basura

el cruce
کراسنگ

el semáforo
ٹریفک لائیٹس

la cabaña
بٹ

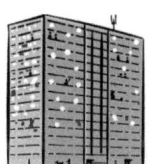

el departamento
فلیٹ

la estación de tren
ریل سٹیشن

la municipalidad
ٹاؤن بال

el museo
میوزئیم

el colegio
سکول

la ciudad - شہر

11

la universidad

یونیورسٹی

el banco

بنک

el hospital

ہسپتال

el hotel

ہوٹل

la farmacia

فارمیسی

la oficina

دفتر

la librería

کتب خانہ

el negocio

ہٹی

la florería

پھلاں اے

el supermercado

سپر مارکیٹ

el mercado

بازار

las grandes tiendas

ڈیپارٹمنٹ سٹور

la pescadería

مچھیرے

el centro comercial

شاپنگ سینٹر

el puerto

بندرگاہ

el parque

پارک

el banco

بنچ

el puente

پل

las escaleras

سیڑھیاں

el subte

انڈر گراؤنڈ

el túnel

ٹنل

la parada del colectivo

بس سٹاپ

el bar

بار

el restaurante

ریسٹورنٹ

el buzón

پوسٹ بکس

el letrero

سٹریٹ سائن

el parquímetro

پارکنگ میٹر

el zoológico

چڑیا کھار

la pileta

سوئمنگ پول

la mezquita

مسجد

la granja

فارم

la contaminación

آلودگی

el cementerio

قبرستان

la iglesia

چرچ

los juegos infantiles

پلے گراؤنڈ

el templo

مندر

el paisaje

منظر

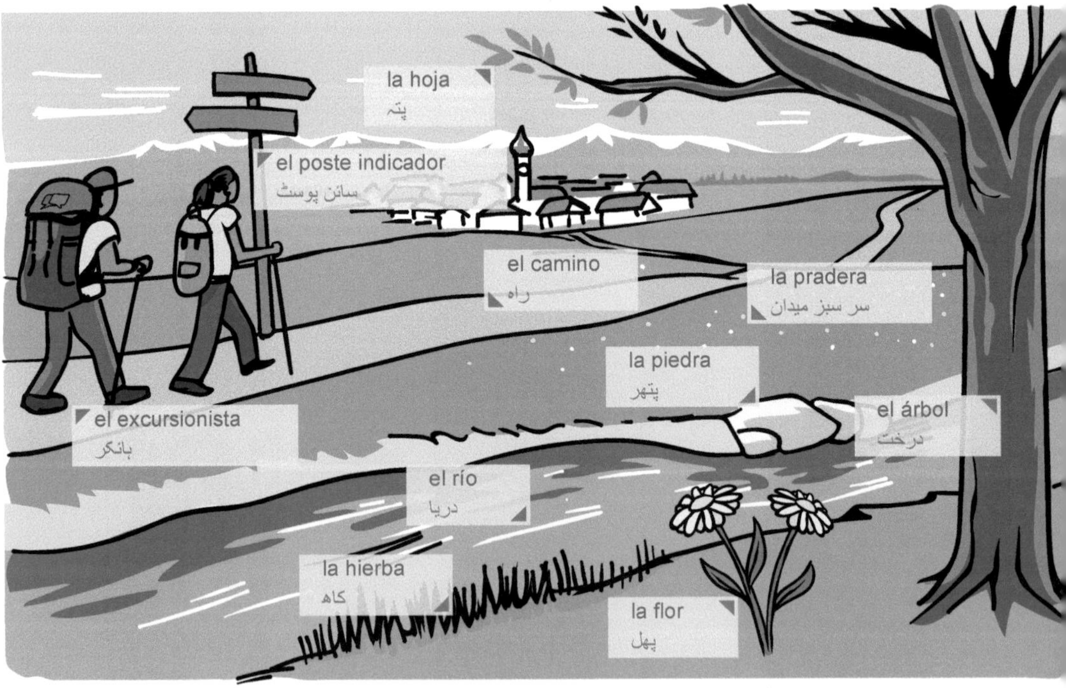

la hoja

پتہ

el poste indicador

سائن پوسٹ

el camino

راہ

la pradera

سر سبز میدان

la piedra

پتھر

el árbol

درخت

el excursionista

بانکر

el río

دریا

la hierba

کاہ

la flor

پھل

el valle

وادی

la montaña

پہاڑی

el lago

نہر

el bosque

جنگل

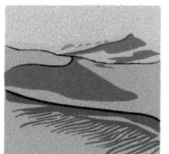

el desierto

صحرا

el volcán

آتش فشاں

el castillo

قلعہ

el arco iris

رین بو

el champiñón

کھمبی

la palmera

پام ٹری

el mosquito

مچھر

la mosca

مکھی

la hormiga

چیونٹا

la abeja

مکھی

la araña

مکڑی

el escarabajo

بهونرا

la rana

مینډک

la ardilla

گلهری

el erizo

سيمه

la liebre

ساهيا

la lechuza

الو

el pájaro

پرنده

el cisne

راج هنس

el jabalí

نر سور

el ciervo

هرن

el alce

باره سنگا

la presa

ډيم

el aerogenerador

وند ټربائن

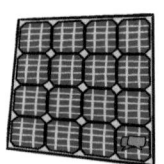

el panel solar

شمسی توانائی دا پینل

el clima

أب و هوا

el restaurante

ریسٹورنٹ

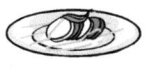

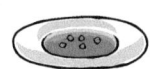

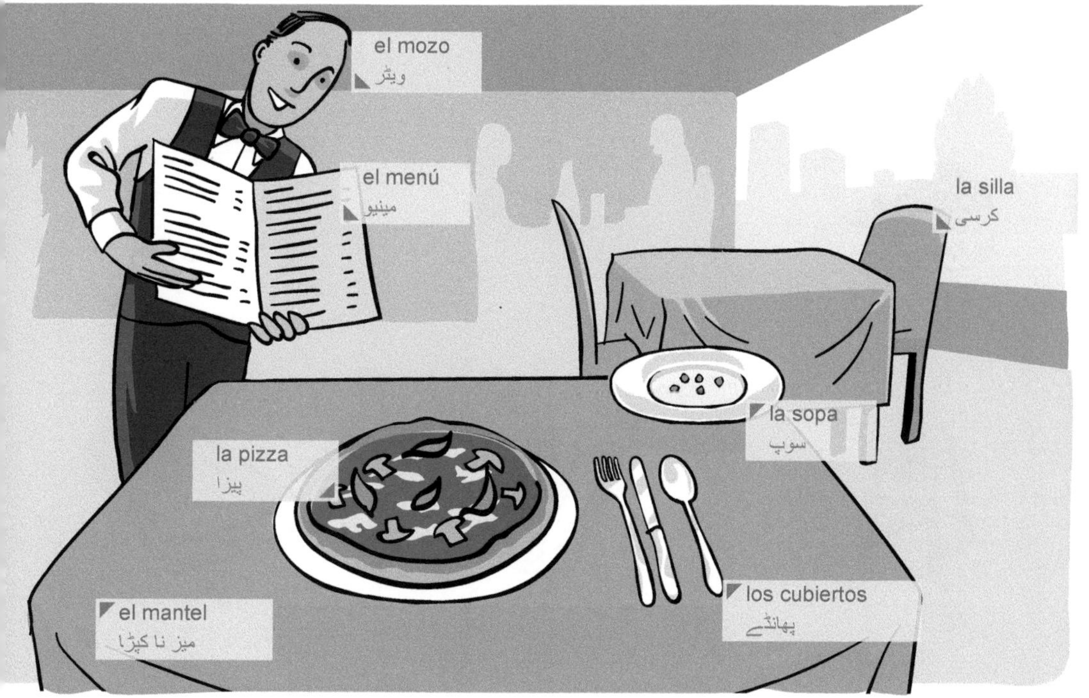
el mozo
ویٹر
el menú
مینیو
la silla
کرسی
la sopa
سوپ
la pizza
پیزا
los cubiertos
پھانڈے
el mantel
میز نا کپڑا

la entrada

سٹارٹر

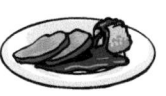

el plato principal

مین کورس

el postre

ڈیزرٹ

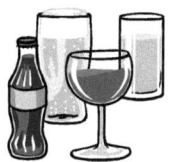

las bebidas

مشروب

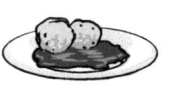

la comida

کھانا

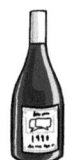

la botella

بوتل

la comida rápida

فاسٹ فوڈ

la comida callejera

سٹریٹ فوڈ

la tetera

ٹی پاٹ

la azucarera

شوگر بول

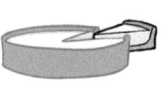

la porción

پورشن

la cafetera expreso

اسپریسو مشین

la sillita alta

ہائی چنیر

la cuenta

بل

la bandeja

ٹرے

el cuchillo

چھری

el tenedor

کانٹا

la cuchara

چمچ

la cucharita

ٹی سپون

la servilleta

تولیہ

el vaso

گلاس

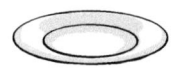

el plato

پلیٹ

el plato hondo

سوپ پلیٹ

el plato

ساسر

la salsa

چٹنی

el salero

نمک دانی

el molinillo de pimienta

پیپر مل

el vinagre

سرکہ

el aceite

تیل

las especias

مصالحہ

el kétchup

کیچپ

la mostaza

سرسینوں

la mayonesa

مینیز

el supermercado

سپر مارکیٹ

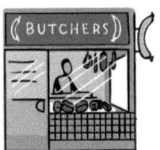

la oferta especial
سپیشل آفر
FOR
el cliente
گاہک
los lácteos
ڈیری
la fruta
بھل
el changuito
ٹرالی

BUTCHERS

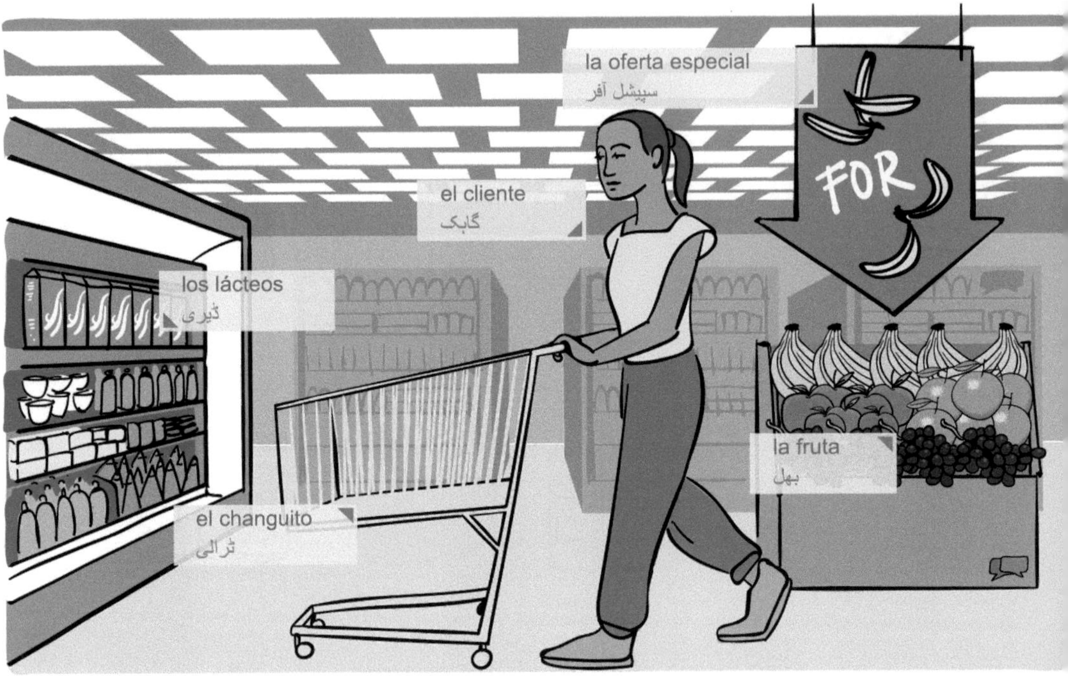

la carnicería

قصائی

BAKERY

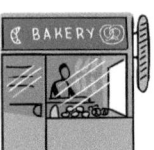

la panadería

بیکرز

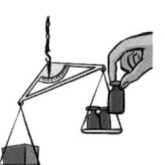

pesar

وزن

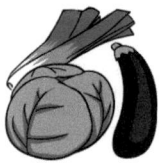

las verduras

سبزیاں

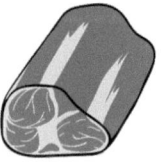

la carne

گوشت

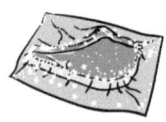

los alimentos congelados

فروزن فوڈ

los fiambres

کولڈ گوشت

los alimentos enlatados

ٹِن فوڈ

el detergente en polvo

واشنگ پوڈر

las golosinas

مٹھائی

los electrodomésticos

کھار دیاں چیزاں

los productos de limpieza

صفائی آلی چیزاں

la vendedora

سیل مین

la caja

ٹِل

el cajero

کیشیئر

la lista de compras

شاپنگ لسٹ

el horario de atención

کھلن دا ویلا

la billetera

پرس

la tarjeta de crédito

کریڈٹ کارڈ

la cartera

بیگ

la bolsa de plástico

پلاسٹک بیگ

las bebidas

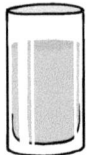

el agua

پانی

el jugo

جوس

la leche

دودھ

la bebida cola

کوک

el vino

شراب

la cerveza

شراب

el alcohol

شراب

el cacao

کوکا

el té

چا

el café

کافی

el café expreso

اسپریسو

el cappuccino

کپچینو

la banana

كيلا

la manzana

سيب

la naranja

موسمبى

el melón

تربوز

el limón

نيمبو

la zanahoria

گاجر

el ajo

لہسن

el bambú

بانس

la cebolla

پياز

el champiñón

كهمبى

las nueces

ميوے

los fideos

نوڈلز

los tallarines

سپیگیٹی

el arroz

چاول

la ensalada

سلاد

las papas fritas

چپس

las papas fritas

تلے ہوئے آلو

la pizza

پیزا

la hamburguesa

بیم برگر

el sándwich

سینڈوچ

el churrasco

تکے

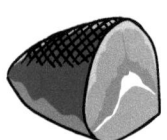

el jamón

بیم

el salame

سلامی

la salchicha

ساسج

el pollo

مرغی

el asado

بھنیا ہویا

el pescado

مچھی

los copos de avena

جو نا دلیہ

el muesli

مولی

los copos de maíz

کارن فلیکس

la harina

آٹا

la medialuna

کرائسنٹ

el pancito

بریڈ رول

el pan

روٹی

la tostada

ٹوسٹ

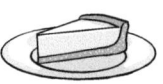

las galletitas

بسکٹ

la manteca

مکھن

la cuajada

دہی

la torta

کیک

el huevo

انڈا

el huevo frito

تلیا انڈا

el queso

پنیر

el helado

أئس كريم

el azúcar

چینی

la miel

شہد

la mermelada

جام

la pasta de chocolate

چاكليٹ سپريڈ

el curry

سالن

la granja

فارم

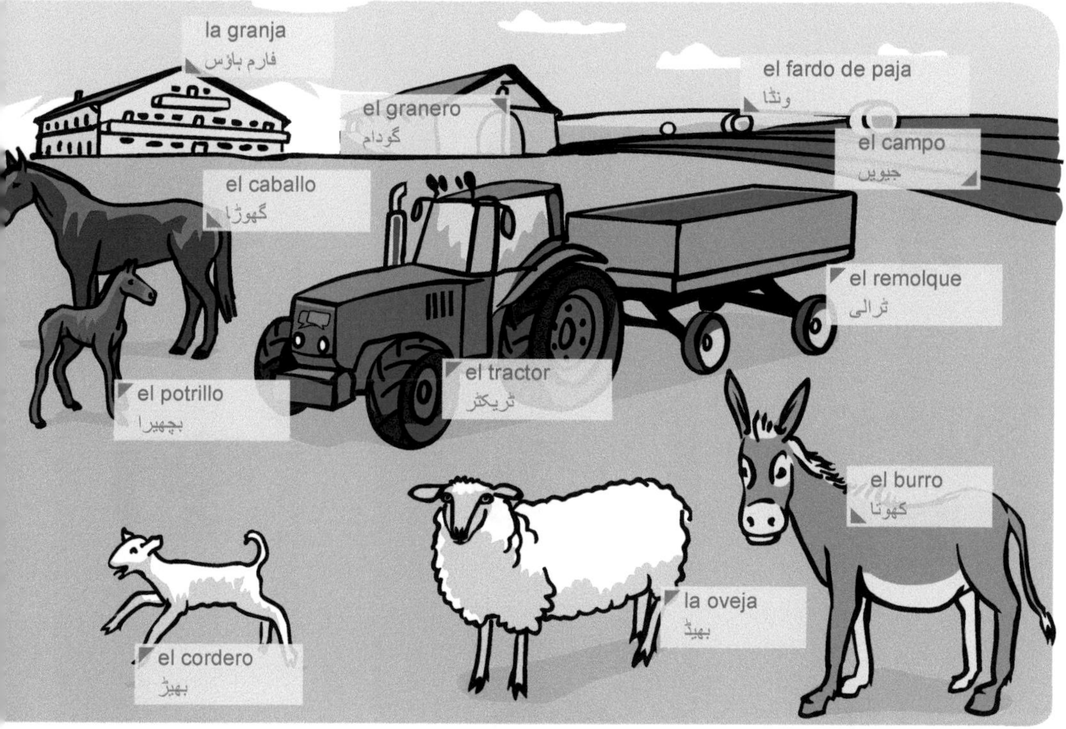

la granja
فارم ہاؤس
el fardo de paja
ونڈا
el granero
گودام
el campo
جیویں
el caballo
گھوڑا
el remolque
ٹرالی
el tractor
ٹریکٹر
el potrillo
بچھیرا
el burro
گھوتا
la oveja
بھیڑ
el cordero
بھیڑ

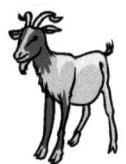

la cabra

بکری

la vaca

گاں

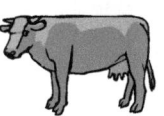

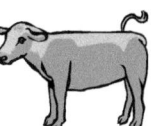

el ternero

بچھڑا

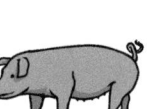

el cerdo

سور

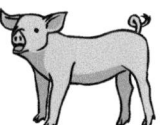

el lechón

پگ لیٹ

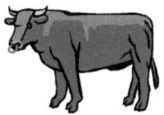

el toro

بیل

el ganso

بطخ

el pato

بطخ

el pollo

چوزه

la gallina

مرغی

el gallo

مرغا

la rata

چوہا

el gato

بلی

el ratón

چوہا

el buey

بیل

el perro

کتا

la cucha

کتے نا کھار

la manguera

لان نا پائپ

la regadera

پانی نا ڈبی

la guadaña

درانتی

el arado

ہل

la hoz

درانتی

la azada

ہو

la horquilla

ترنگل

el hacha

کوہاڑی

la carretilla

ریڑھی

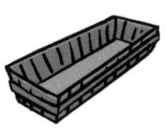

el abrevadero

ڈونگا

la lechera

دودھ نا ڈبہ

la bolsa

بورا

la reja

باڑ

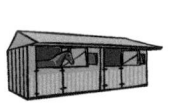

el establo

اصطبل

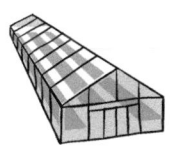

el invernadero

گرین ہاؤس

el suelo

مٹی

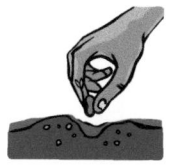

la semilla

بیج

el fertilizador

کھاد

la cosechadora

کمبائن ہارویسٹر

la granja - فارم

29

cosechar

فصل

la cosecha

فصل

las batatas

يامز

el trigo

كنك

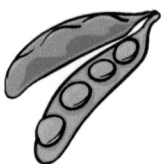

la soja

سويا

la papa

آلو

el maíz

مكئى

la semilla de colza

تلى

el árbol frutal

پهلدار درخت

la mandioca

كاساوا

los cereales

اناج

la casa
کھار

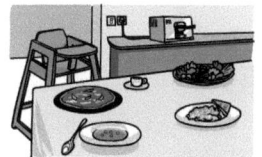

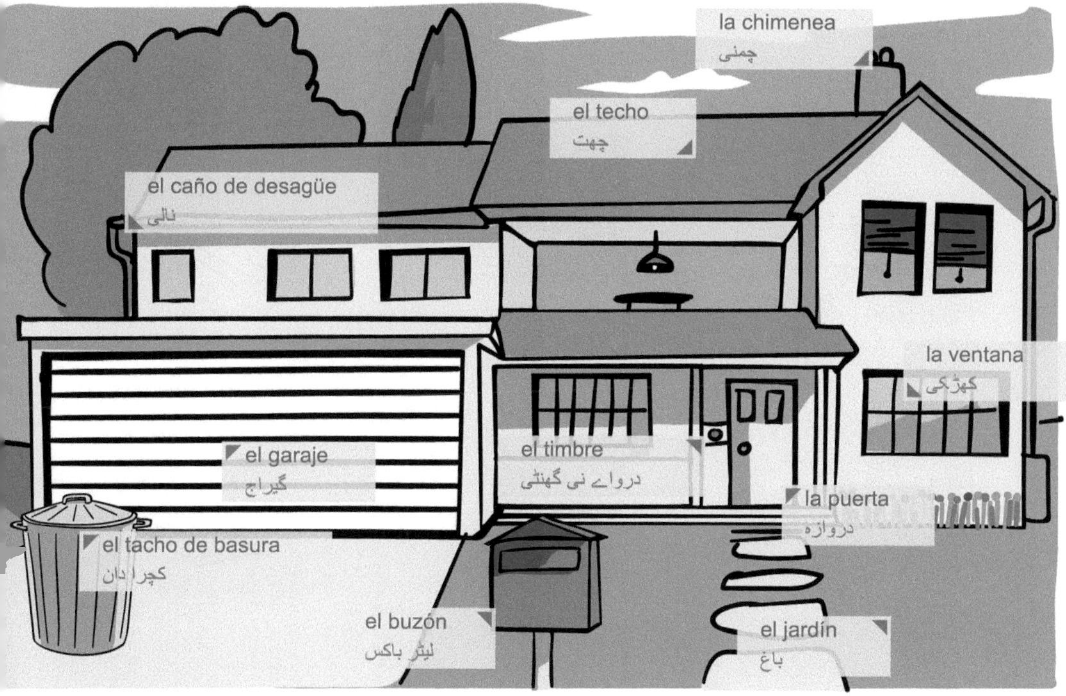
la chimenea
چمنی
el techo
چھت
el caño de desagüe
نالی
la ventana
کھڑکی
el garaje
گیراج
el timbre
دروازے نی گھنٹی
la puerta
دروازہ
el tacho de basura
کچرا دان
el buzón
لیٹر باکس
el jardín
باغ

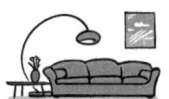

el living

لونگ روم

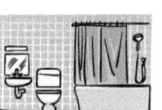

el baño

باتہ روم

la cocina

باورچہ خانہ

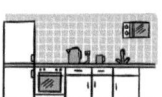

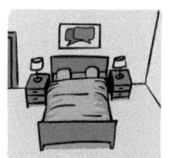

el dormitorio

بیڈروم

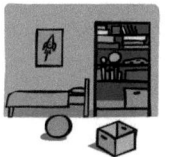

el cuarto de los chicos

بچیاں نا کمرہ

el comedor

ڈائننگ روم

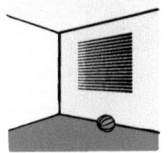

el piso

فرش

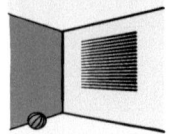

la pared

دیوار

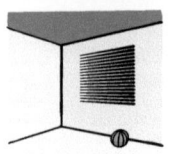

el cielorraso

چھت

el sótano

تہخانہ

el sauna

سوانا

el balcón

بالکنی

la terraza

ٹیرس

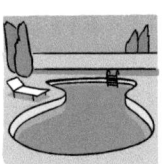

la pileta

پول

la cortadora de pasto

لان موور

la sábana

شیٹ

el acolchado

بیڈ سپریڈ

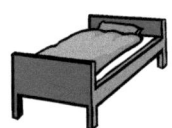

la cama

بیڈ

la escoba

جھاڑو

el balde

بالٹی

el interruptor

سوئچ

el living
لونگ روم

el empapelado
وال پیپر
la imagen
تصویر
la lámpara
لیمپ
el estante
شیلف
el armario
الماری
la televisión
ٹیلیویژن
la chimenea
آگ دان
la flor
پھل
el almohadón
کشن
el sofá
صوفہ
el florero
گلدان
el control remoto
ریموٹ کنٹرول

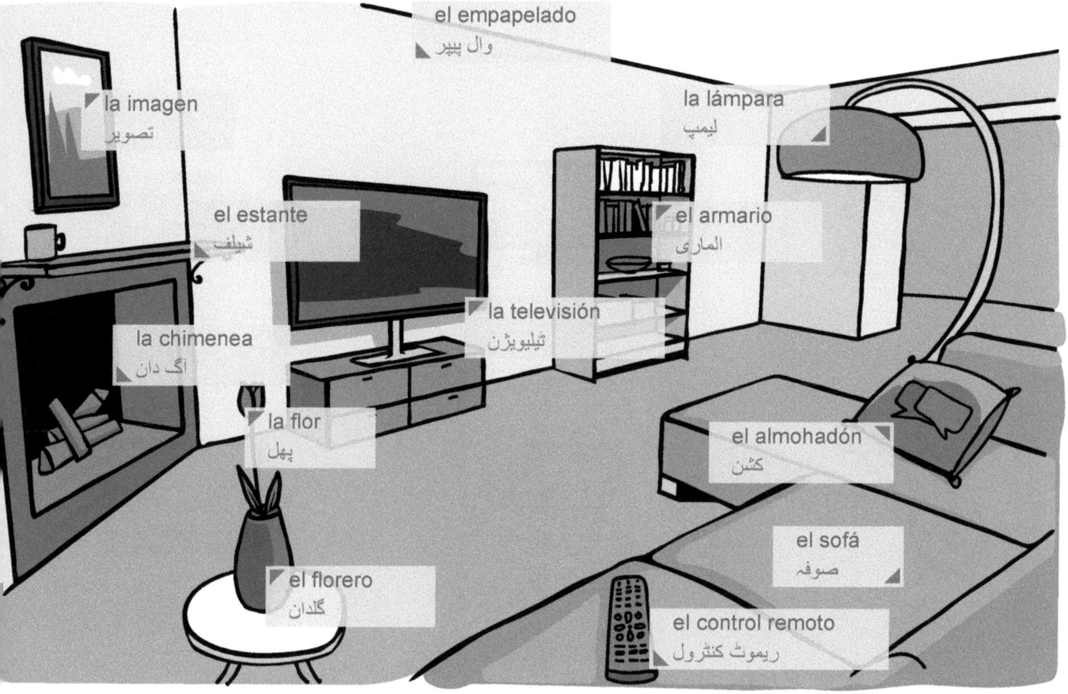

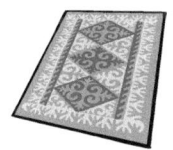

la alfombra

قالین

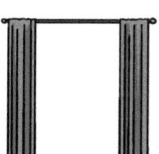

la cortina

پردے

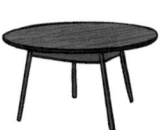

la mesa

میز

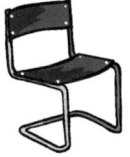

la silla

کرسی

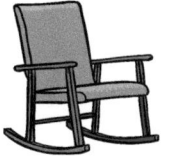

la mecedora

راکنگ چئیر

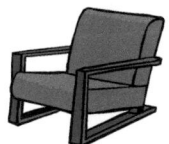

el sillón

آرم چئیر

el libro

كتاب

la frazada

كمبل

la decoración

ڈیکوریشن

la leña

کولے

la película

فلم

el equipo de música

بانی فانی آلات

la llave

چابی

el diario

اخبار

la pintura

پینٹنگ

el póster

پوسٹر

la radio

ریڈیو

el cuaderno

نوٹ پیڈ

la aspiradora

بوور

el cactus

کیکٹس

la vela

موم بتی

la cocina
باورچہ خانہ

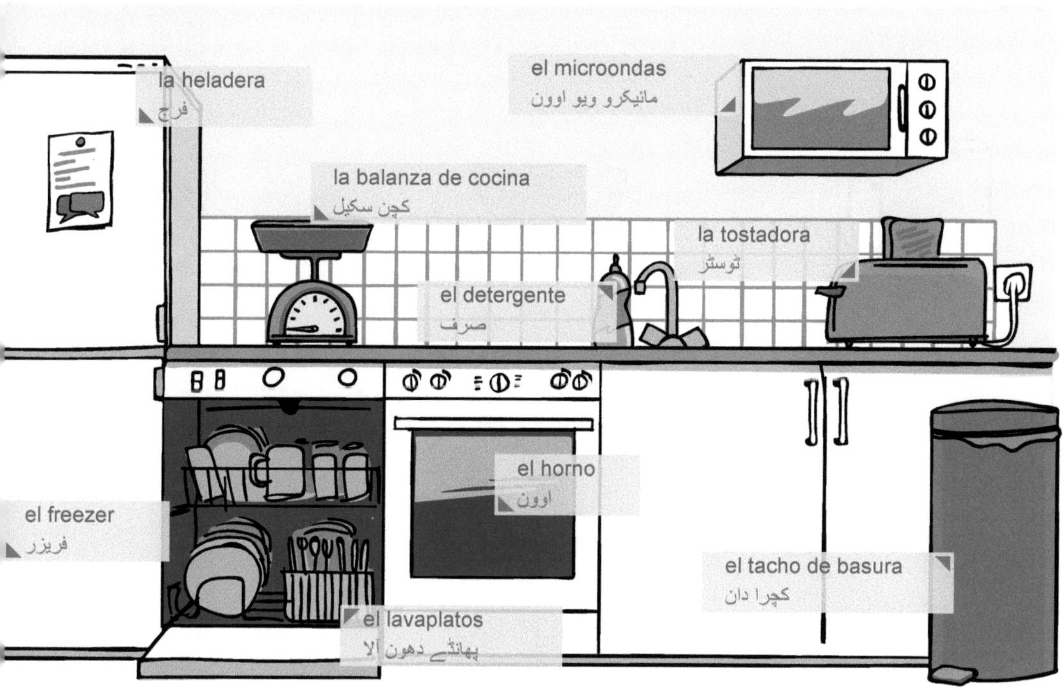

la heladera
فرج

el microondas
مائیکرو ویو اوون

la balanza de cocina
کچن سکیل

la tostadora
ٹوسٹر

el detergente
صرف

el horno
اوون

el freezer
فریزر

el tacho de basura
کچرا دان

el lavaplatos
پھانٹے دھون آلا

la cocina
ککر

la olla
پاٹ

la olla de hierro fundido
کاسٹ آئرن پاٹ

el wok
ووک / کڈائی

la sartén
پین

la pava
کیتلی

la vaporera

سٹیمر

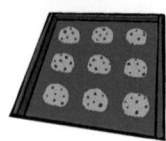

la bandeja de horno

بیکنگ ٹرے

la vajilla

بھانڈے

la taza

مگ

el bol

پیالہ

los palitos

چوپ سٹکس

el cucharón

کرچھل

la espátula

اسپالی

la batidora

پھینٹن آلا

el colador

چھننا

el colador

چھننی

el rallador

چھاواں

el mortero

کھان پکان آلا چمچہ

la parrilla

باربی کیو

la fogata

چولھا

la tabla de picar

کٹنگ بورڈ

el palo de amasar

رولنگ پن

el sacacorchos

کارک سکرو

la lata

کین

el abrelatas

کین کھلون آلا

la manopla

پاٹ پگڑن آلا

la pileta

سنک

el cepillo

برش

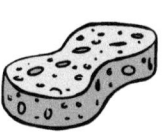

la esponja

سپنج

la batidora

بلینڈر

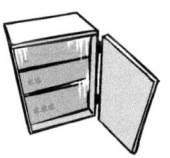

el congelador

ڈیپ فریزر

la mamadera

بچے نی بوتل

la canilla

ٹوٹی

el baño

باتھ روم

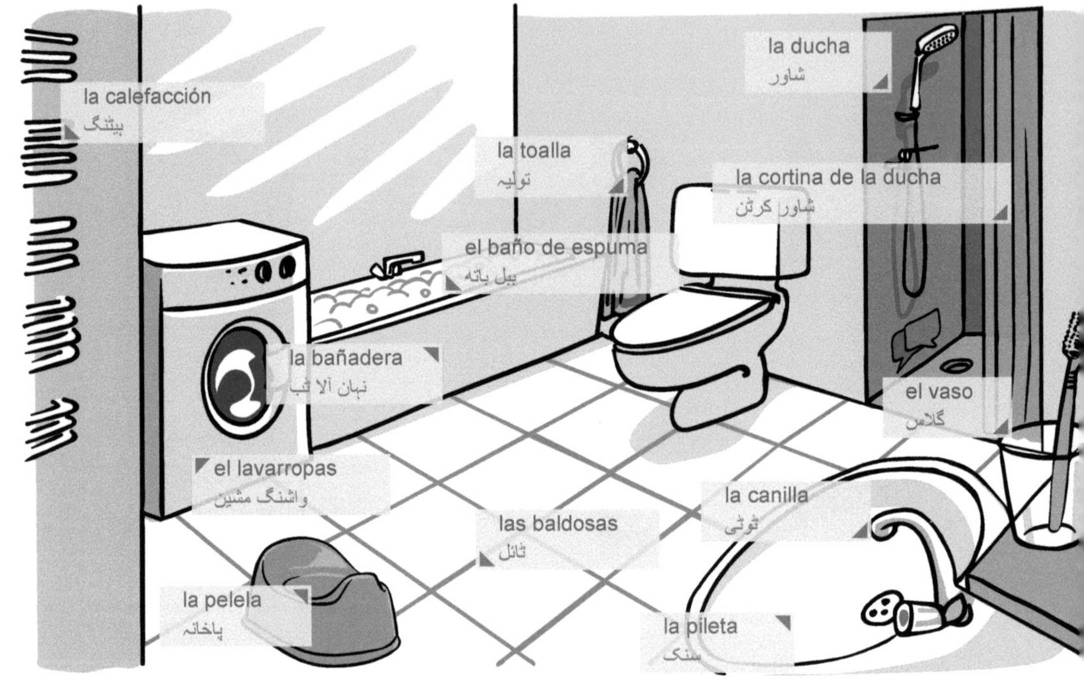

la calefacción
ہیٹنگ
la toalla
تولیہ
la ducha
شاور
la cortina de la ducha
شاور کرٹن
el baño de espuma
ببل باتھ
la bañadera
نہان آلا ٹب
el vaso
گلاس
el lavarropas
واشنگ مشین
la canilla
ٹوٹی
las baldosas
ٹائل
la pelela
پاخانہ
la pileta
سنک

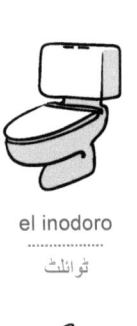

el inodoro

ٹوائلٹ

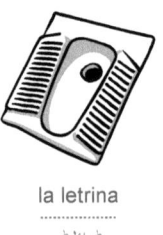

la letrina

ٹوائلٹ

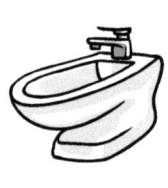

el bidé

بڈٹ

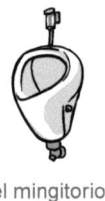

el mingitorio

پیشاب

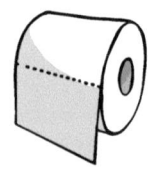

el papel higiénico

ٹوائلٹ پیپر

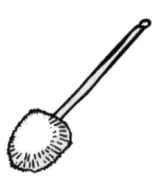

el cepillo para el inodoro

ٹوائلٹ برش

el cepillo de dientes

ٹوتھ برش

el dentífrico

ٹوتھ پیسٹ

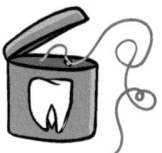

el hilo dental

ڈینٹل فلاس

lavar

دھونا

la ducha de mano

ہتھ وچ پھڑن آلا شاور

la ducha higiénica

شاور

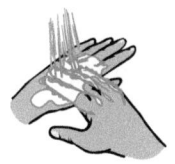

la palangana

بیسن

el cepillo para la espalda

بیک برش

el jabón

صابن

el gel de ducha

شاور جیل

el shampoo

شیمپو

la toallita

فلالین

el desagüe

نالی

la crema

کریم

el desodorante

ڈیوڈرنٹ

el espejo

آئینہ

el espejito

بتہ آلا شیشہ

la maquinita de afeitar

استرا

la espuma de afeitar

شیونگ فوم

el aftershave

آفٹر شیو

el peine

کنگھا

el cepillo

برش

el secador de pelo

ہئیر ڈرائر

el spray

ہئیر سپرے

el maquillaje

میک اپ

el lápiz de labios

لپ سٹک

el esmalte para uñas

ناخن نی وارنش

el algodón

کاٹن وول

la tijera para uñas

ناخن کٹر

el perfume

پرفیوم

el portacosméticos

واش بیگ

la banqueta

پاخانه

la balanza

وزن دا پیمانه

la bata

باتھ نی الماری

los guantes de goma

ربر نے دستانہ

el tampón

بفر

la toallita femenina

تولیہ سٹینڈ

el baño químico

کیمیکل ٹوائلٹ

el cuarto de los chicos

بچیاں نا کمرہ

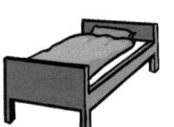

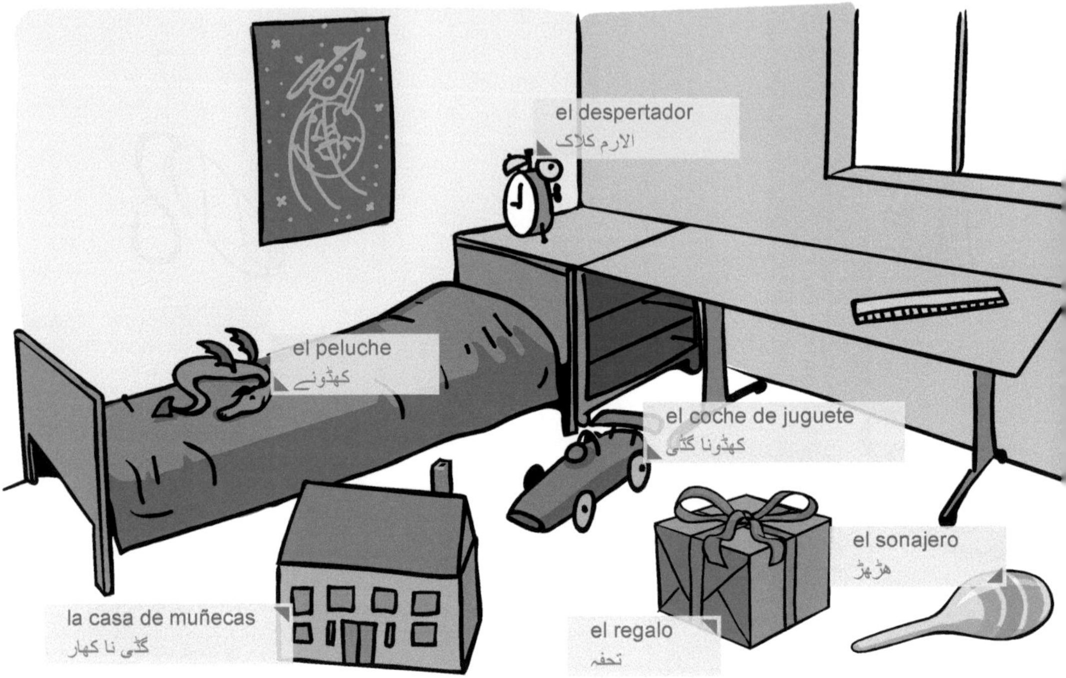

el despertador
الارم کلاک
el peluche
کھڈونے
el coche de juguete
کھڈونا گڈی
el sonajero
ہڑہڑ
la casa de muñecas
گڈی نا کھار
el regalo
تحفہ

el globo

پھکانا

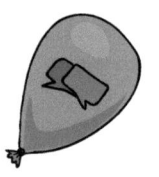

la cama

بیڈ

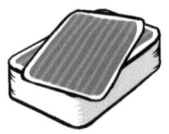

el cochecito

پرام

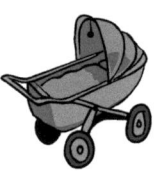

las cartas

تاش نے پتے

el rompecabezas

جگ سا

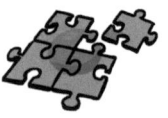

la historieta

کامک

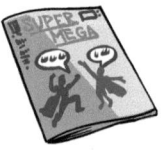

las piezas de lego

لیگو بریکس

los ladrillos de juguete

بلڈنگ بلاکس

la figura de acción

کھڈونا

el enterito (de bebé)

بے بی گرو

el frisbee

فرزوی

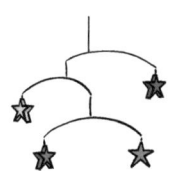

el móvil para bebés

موبائل

el juego de mesa

بورڈ گیم

los dados

ڈائس

el tren eléctrico

ماڈل ٹرن سیٹ

el chupete

ڈمی

la fiesta

پارٹی

el libro de cuentos ilustrado

تصویری کتاب

la pelota

گیند

la muñeca

گڑیا

jugar

کھیڈنا

el arenero

سینڈ پٹ

la hamaca

جھولا

los juguetes

کھلونے

la consola de videojuegos

ویڈیو گیم کنسول

el triciclo

ٹرائی سائیکل

el osito de peluche

ٹیڈی بئیر

el armario

الماری

la ropa

کپڑے

las medias

جراباں

las medias panty

جراباں

las calzas

ٹائٹس

la bufanda
سکارف

el paraguas
چھتری

la remera
ٹی شرٹ

el cinturón
بیلٹ

las botas
بوٹ

las pantuflas
سلیپر

las zapatillas
جوگر

las sandalias
سینڈل

los zapatos
جوتی

las botas de goma
ربر نے جوتی

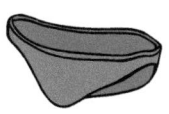

la ropa interior
انڈر ونیر

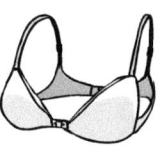

el corpiño
برا

el chaleco
بنیان

la ropa - کپڑے

45

el body

جسم

los pantalones

پاجامہ

los jeans

جینز

la pollera

سکرٹ

la blusa

برا

la camisa

قمیض

el pulóver

سوئیٹر

el buzo

ہوڈی

el blazer

کوٹ

la campera

جیکٹ

el tapado

کوٹ

el piloto

برساتی

el traje

کاسٹیوم

el vestido

کپڑے

el vestido de novia

شادی نا جوڑا

el traje

سوٹ

el camisón

راتے نے کپڑے

el pijama

پاجامہ

el sari

ساڑھی

el pañuelo para la cabeza

سکارف

el turbante

پگڑی

la burka

برقعہ

el caftán

کفتان

la abaya

برقعہ

el traje de baño

نہان والے کپڑے

el short de baño

انڈرونیر

los shorts

نیکر

el jogging

ٹریک سوٹ

el delantal

دھوتی

los guantes

دستانے

el botón

بٹن

los anteojos

چشمہ

la pulsera

بریسلیٹ

el collar

ہار

el anillo

انگوٹھی

el aro

کنڈے

la gorra

ٹوپی

la percha

کوٹ ہینگر

el sombrero

ٹوپی

la corbata

ٹائی

el cierre

زپ

el casco

ہیلمٹ

los tiradores

بریسز

el uniforme escolar

سکول نی وردی

el uniforme

وردی

el babero

بب

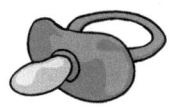

el chupete

ٹمی

el pañal

ناپی

la oficina

دفتر

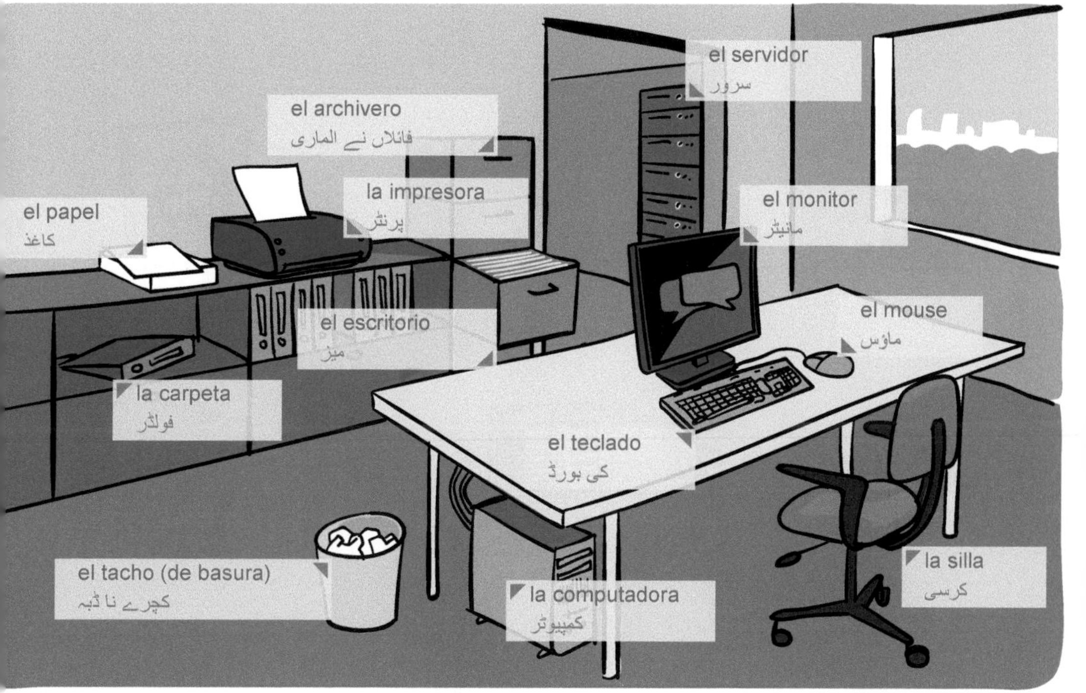

el servidor
سرور

el archivero
فائلاں نے الماری

la impresora
پرنٹر

el monitor
مانیٹر

el papel
کاغذ

el escritorio
میز

el mouse
ماؤس

la carpeta
فولڈر

el teclado
کی بورڈ

el tacho (de basura)
کچرے نا ڈبہ

la computadora
کمپیوٹر

la silla
کرسی

la taza de café

کافی مگ

la calculadora

کیلکولیٹر

el internet

انٹرنیٹ

la laptop

لیپ ٹاپ

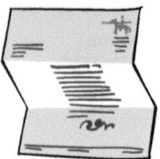

la carta

خط

el mensaje

پیغام

el celular

موبائل

la red

نیٹ ورک

la fotocopiadora

فوٹو کاپیئر

el software

سافٹ ویئر

el teléfono

ٹیلیفون

el tomacorriente

پلگ ساکٹ

el fax

فکس مشین

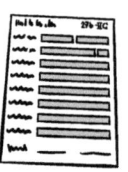

el formulario

فارم

el documento

دستاویزات

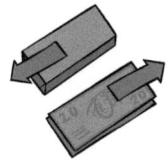

comprar

خریدنا

pagar

ادا کرنا

hacer negocios

تجارت

el dinero

پیسہ

USD

el dólar

ڈالر

EUR

el euro

یورو

JPY

el yen

ین

RUB

el rublo

ربل

CHF

el franco suizo

سویس فرانک

CNY

el yuan

رینمینبی یوان

INR

la rupia

روپیہ

el cajero automático

کیش پوائنٹ

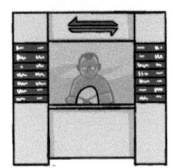

la casa de cambio

ایکسچینج دفتر

el oro

سونا

la plata

چاندی

el petróleo

تیل

la energía

توانائی

el precio

قیمت

el contrato

معاہدہ

el impuesto

ٹیکس

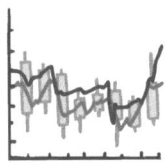

la acción

سٹاک

trabajar

کام

el empleado

ملازم

el empleador

آجر

la fábrica

فیکٹری

el negocio

بٹّی

las ocupaciones
پیشہ

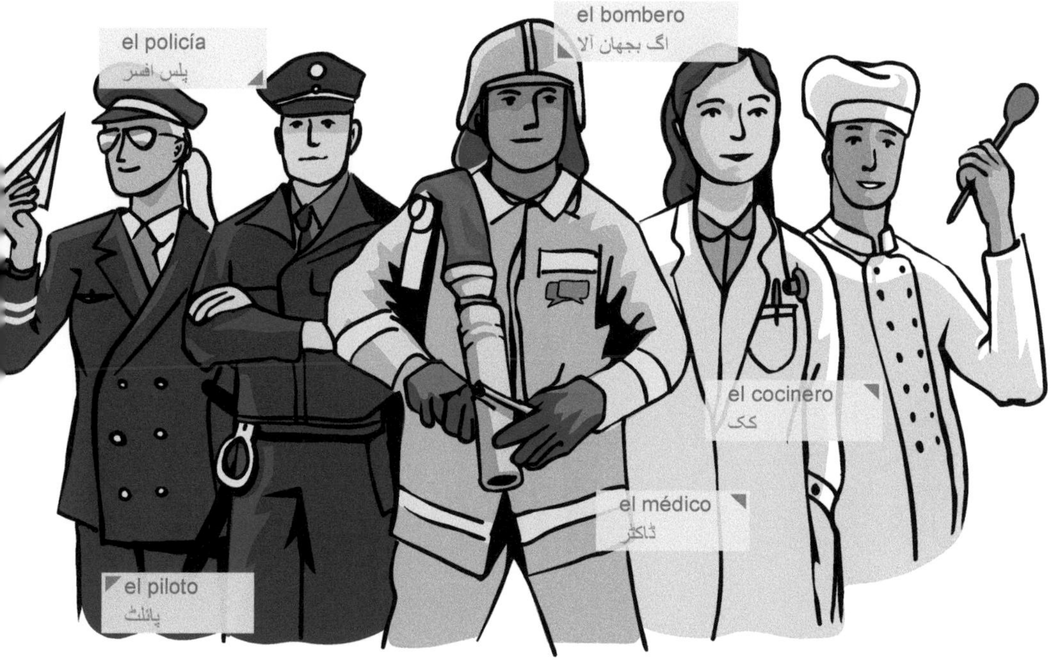

el policía
پلس افسر
el bombero
اگ بجھان آلا
el cocinero
کک
el médico
ڈاکٹر
el piloto
پائلٹ

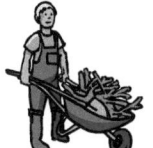

el jardinero

مالی

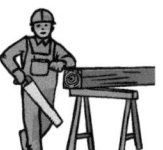

el carpintero

برھئی

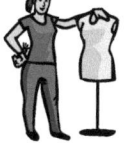

la modista

درزن

el juez

جج

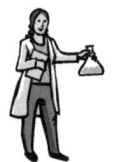

el farmacéutico

کیمسٹ

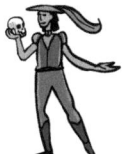

el actor

ایکٹر

el colectivero

بس ڈرائیور

el taxista

ٹیکسی ڈرائیور

el pescador

مچھیرا

la mucama

صفائی آلی جنانی

el techista

روفر

el mozo

ویٹر

el cazador

شکاری

el pintor

پینٹر

el panadero

بیکری آلا

el electricista

الیکٹریشن

el albañil

تعمیرات آلا

el ingeniero

انجینئیر

el carnicero

قصائی

el plomero

پلمبر

el cartero

پوسٹ مین

el soldado

سپاہی

el arquitecto

آرکیٹیکٹ

el cajero

کیشئیر

el florista

پھلاں آلا

el peluquero

نائی

el cobrador

کنڈکٹر

el mecánico

مکینک

el capitán

کپتان

el dentista

دندان ساز

el científico

سائنس دان

el rabino

ربانی

el imán

امام

el monje

راہب

el sacerdote

انگریز

las herramientas

ٹولز

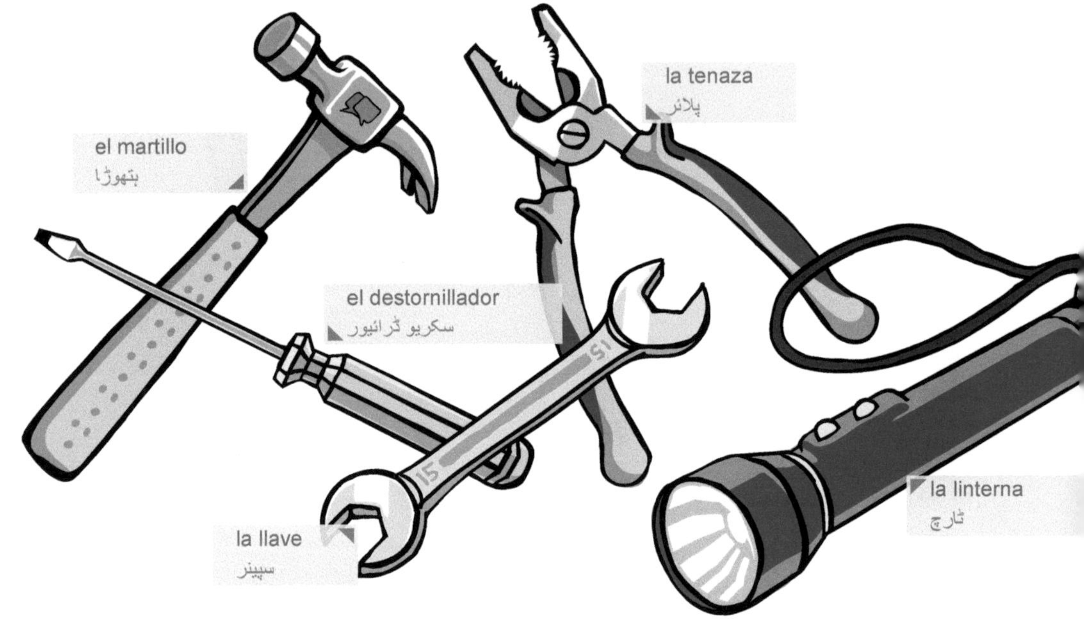

el martillo
ہتھوڑا
la tenaza
پلائر
el destornillador
سکریو ڈرائیور
la llave
سپینر
la linterna
ٹارچ

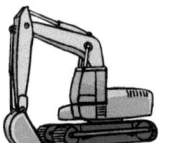

la excavadora

پھاوڑا

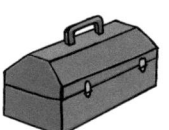

la caja de herramientas

ٹول باکس

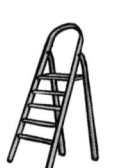

la escalera portátil

سیڑھی

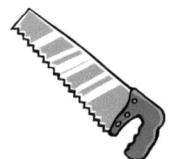

la sierra

آری

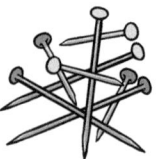

los clavos

کیل

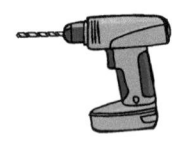

el taladro

ڈرل

arreglar

مرمت

la pala de jardín

شاول

¡Qué bronca!

لعنت!

la pala de plástico

ڈسٹ پین

el tacho de pintura

پینٹ پاٹ

los tornillos

سکریوز

los instrumentos musicales

موسیقی نے آلات

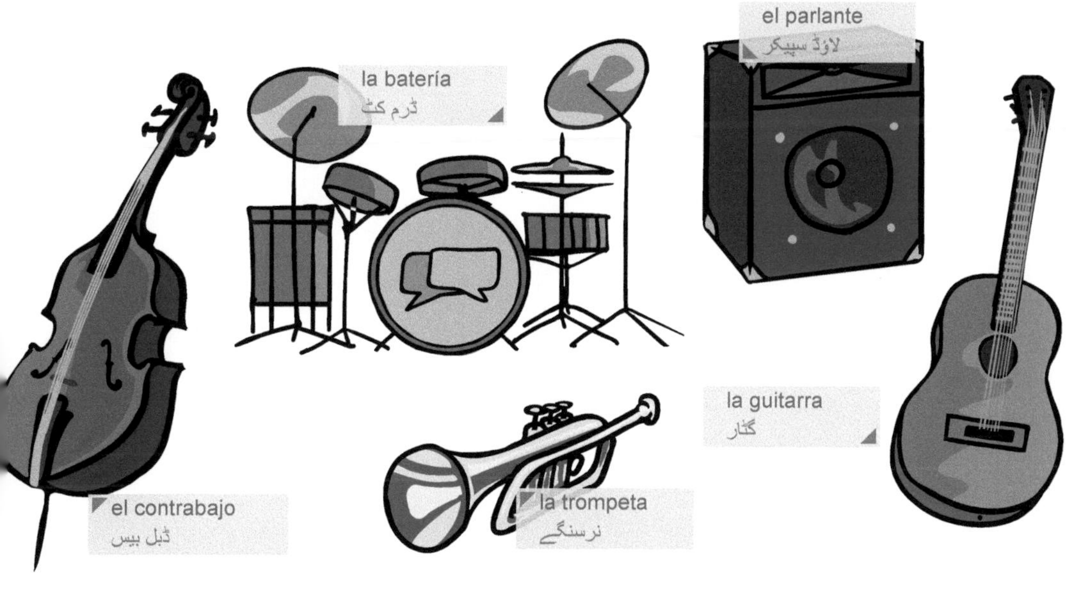

la batería
ڈرم کٹ

el parlante
لاؤڈ سپیکر

la guitarra
گٹار

la trompeta
نرسنگے

el contrabajo
ڈبل بیس

el piano

پیانو

el violín

وائلن

el bajo

بیس

los timbales

ٹمپانی

el tambor

ڈرمز

el teclado

کی بورڈ

el saxofón

سیکسو فون

la flauta

بانسری

el micrófono

مائکروفون

la entrada
داخلہ

el tigre
چیتا

la jaula
پنجرہ

la cebra
زیبرا

el alimento para animales
جانوراں دا کھانا

el oso panda
پانڈا

los animales
جانور

el elefante
ہاتھی

el canguro
کینگرو

el rinoceronte
گینڈا

el gorila
گوریلا

el oso
ریچھ

el camello

اونٹ

el avestruz

شترمرغ

el león

شیر

el mono

باندر

el flamenco

فلیمنگو

el loro

طوطا

el oso polar

برفانی ریچھ

el pingüino

پینگوئین

el tiburón

شارک

el pavo real

مور

la serpiente

سپ

el cocodrilo

مگرمچھ

el cuidador del zoológico

چڑیا گھر دا رکھوالا

la foca

سیل

el jaguar

جیگوار

el poni

پونی

el leopardo

لیپرڈ

el hipopótamo

ہپو

la jirafa

زرافہ

el águila

چیل

el jabalí

نر سور

el pescado

مچھی

la tortuga

کیچھوا

la morsa

والرس

el zorro

لومبڑ

la gacela

گیزل

el zoológico - چڑیا کھار

61

los deportes
كھیڈنا

el fútbol americano
امریکن فٹبال

el ciclismo
سائیکلنگ

el tenis
ٹینس

el básquet
باسکٹ بال

la natación
سوئمنگ

el boxeo
باکسنگ

el hockey sobre hielo
آئس ہاکی

el fútbol
فٹبال

el bádminton
بیڈ منٹن

el atletismo
ایتھلیٹکس

el handball
ہینڈ بال

el esquí
سکیئنگ

el polo
پولو

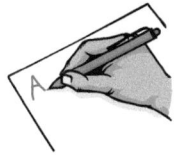

reír
ہنسنا

altar
چھال مار

abrazar
چھپی پانا

caminar
چلنا

cantar
گانا گانا

soñar
خواب

rezar
دعا

besar
بوسہ

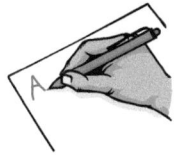

escribir
لکھنا

dibujar
لیک لانا

mostrar
وکھانا

presionar
دھکا

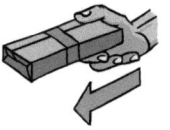

dar
دینا

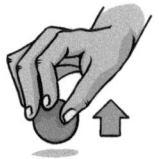

tomar
لینا

tener

بے وے

hacer

کرنا

ser

ہو

estar parado

کھلونا

correr

دوڑنا

tirar

چیھکنا

tirar

سٹنا

caer

ٹھینا

estar acostado

جھوٹ

esperar

انتظار

llevar

چکنا

estar sentado

بیٹھنا

vestirse

کپڑے پانا

dormir

سونا

despertar

جاگنا

mirar

ویکھنا

llorar

رونا/چلانا

acariciar

سہلانا

peinar

کنگھا

hablar

گل کرنا

entender

سمجھنا

preguntar

پوچھنا/دسنا

escuchar

سننا

beber

پینا

comer

کھانا

ordenar

تیار ہونا

amar

محبت

cocinar

پکانا

manejar

گڈی چلانا

volar

اڈنا

las actividades - کم   65

navegar

سمندری سفر

calcular

کیلکولیٹ

leer

پڑھنا

aprender

سیکھنا

trabajar

کم

casarse

شادی

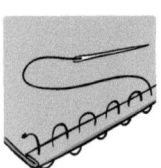

coser

سیونا

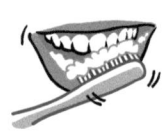

cepillarse los dientes

دند صاف

matar

قتل

fumar

دھواں

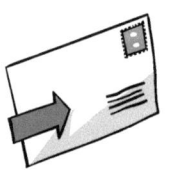

enviar

بھیجنا

la familia
کنبہ

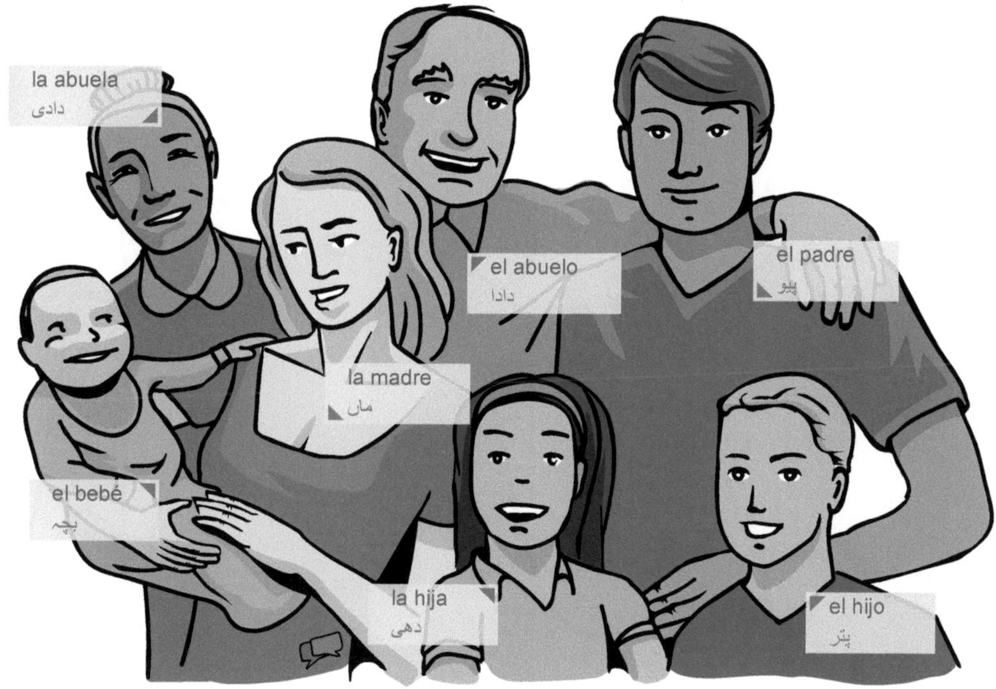
la abuela
دادی
el abuelo
دادا
el padre
پیو
la madre
ماں
el bebé
بچہ
la hija
دھی
el hijo
پتر

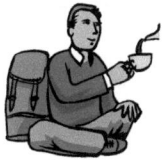

el invitado

مہمان

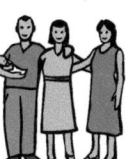

la tía

ماسی / پھو

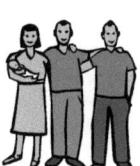

el tío

چاچا/ماما

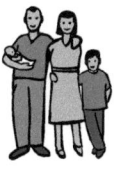

el hermano

بھرا

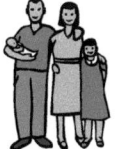

la hermana

بہن

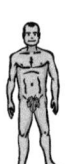

el cuerpo

جسم

la frente
متھا
el ojo
اکھ
el hombro
منڈھے
el dedo
انگلی
la cara
منہ
la pera
ٹھوڑی
la mano
ہتھ
la pierna
لت
el pecho
چھاتی
el brazo
بانہ

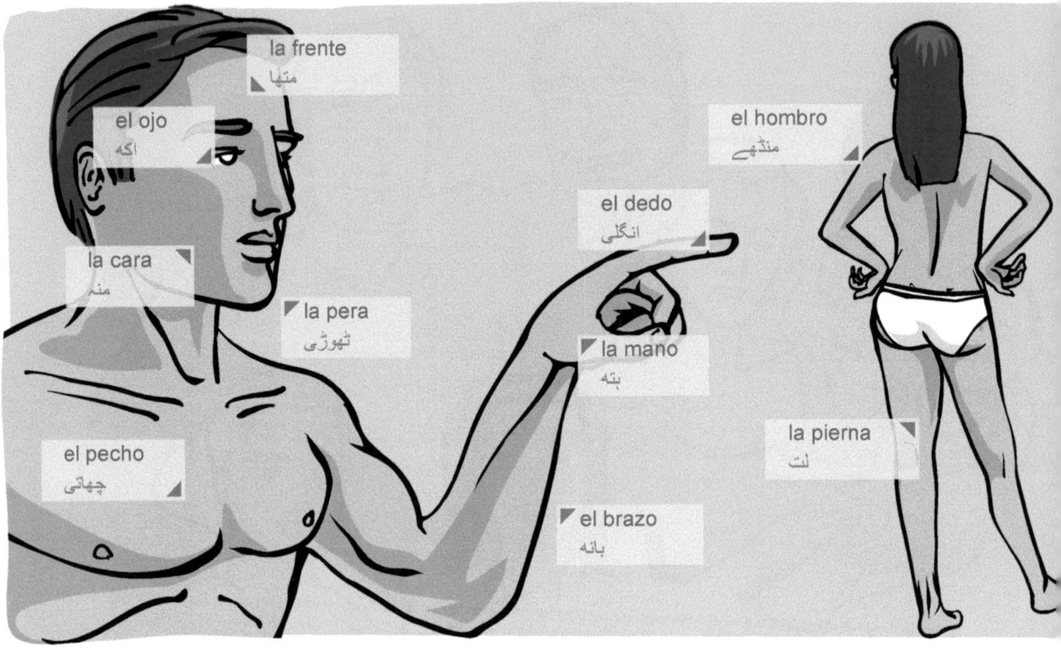

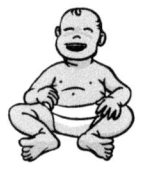

el bebé

بچہ

el hombre

بندہ

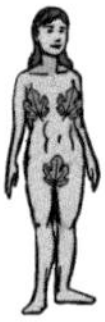

la mujer

جنانی

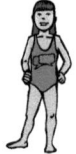

la nena

کڑی

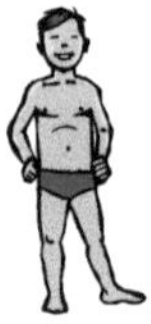

el nene

مڑا

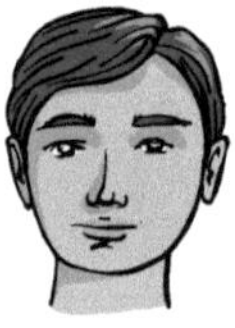

la cabeza

سر

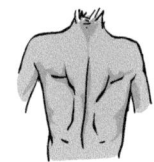

la espalda

کمر

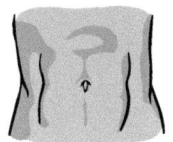

la panza

تھڈ

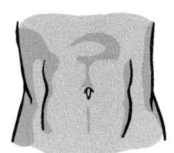

el ombligo

تھنی

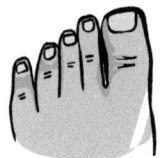

el dedo del pie

پنجہ

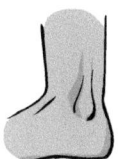

el talón

اڈی

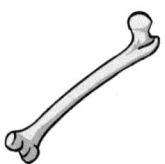

el hueso

بڈم

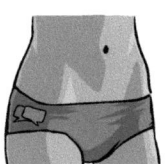

la cadera

کولہے

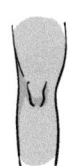

la rodilla

گوڈے

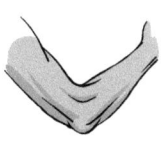

el codo

کہنی

la nariz

نک

la cola

زیر جامہ

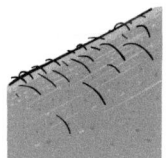

la piel

کھل

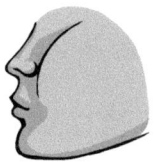

el cachete

گلاں

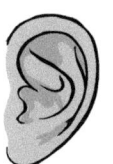

la oreja

کن

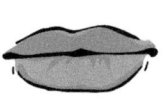

el labio

بل

la boca

منہ

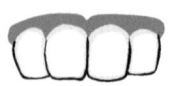

el diente

دند

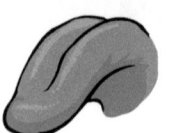

la lengua

زبان

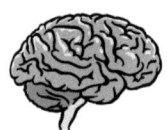

el cerebro

دماغ

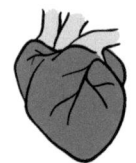

el corazón

دل

el músculo

پٹھے

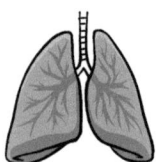

el pulmón

پھیپڑے

el hígado

جگر

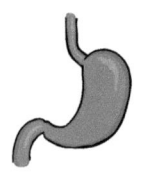

el estómago

تھڈ

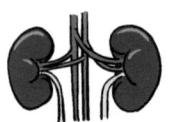

los riñones

گردے

el sexo

جنس

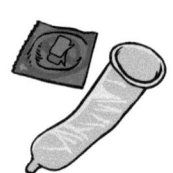

el preservativo

کنڈم

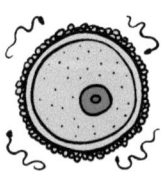

el óvulo

انڈے

el semen

منی

el embarazo

حمل

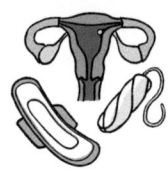

la menstruación

حیض

la vagina

اندام نہانی

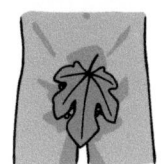

el pene

عضو تناسل

la ceja

بھوں

el pelo

بال

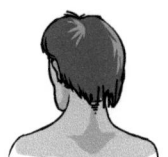

el cuello

گردن

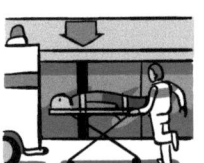

el hospital

هسپتال

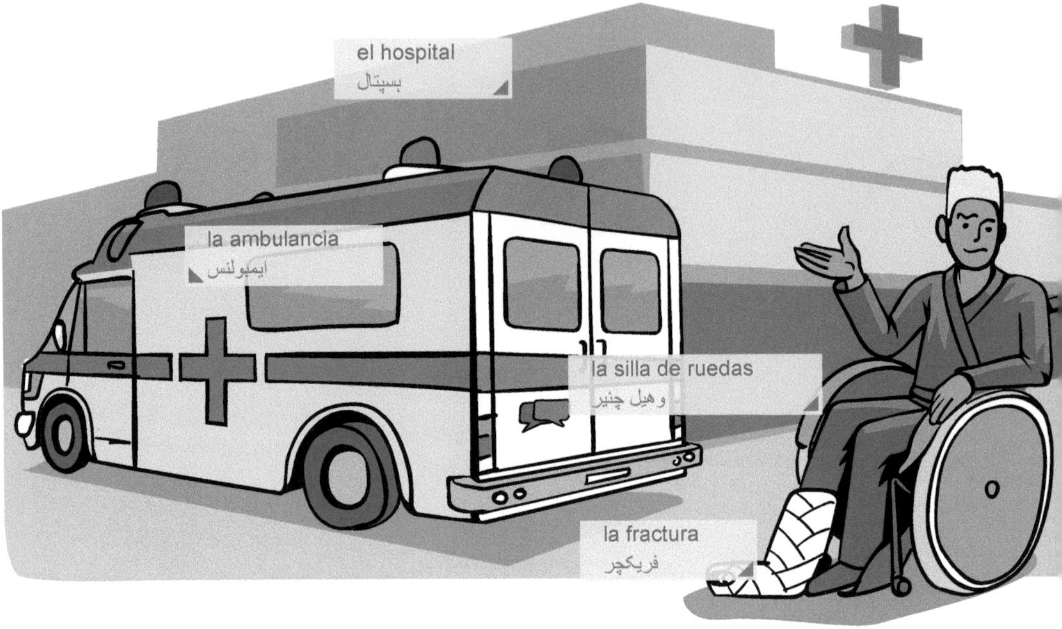

el hospital
هسپتال
la ambulancia
ایمبولنس
la silla de ruedas
وهیل چئیر
la fractura
فریکچر

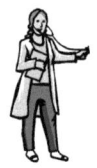

el médico

ڈاکٹر

la sala de guardia

ہنگامی کمرہ

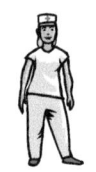

la enfermera

نرس

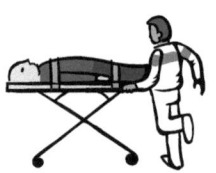

la emergencia

ایمرجنسی

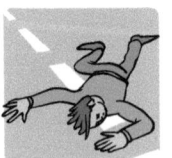

inconsciente

بے ہوش

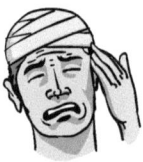

el dolor

درد

la lesión

سٹ

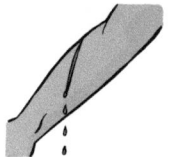

la hemorragia

خون نکلنا

el infarto

دل نا دوره

el ACV

فالج

la alergia

الرجی

la tos

کھنگ

la fiebre

تپ

la gripe

نزلہ

la diarrea

اسہال

el dolor de cabeza

سر درد

el cáncer

کینسر

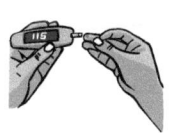

la diabetes

شوگر (ذیابطس)

el cirujano

سرجن

el bisturí

سکیلپل

la operación

آپریشن

la TC

سی ٹی

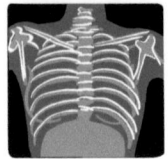

los rayos x

ایکسرے

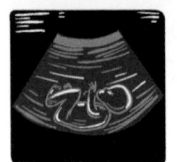

la ecografía

الٹرا ساؤنڈ

el barbijo

چہرہ نا ماسک

la enfermedad

بماری

la sala de espera

انتظار گاہ

la muleta

بیساکھی

la curita

پلستر

la venda

پٹی

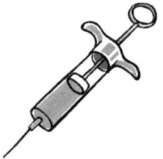

la inyección

ٹیکہ

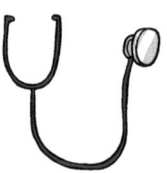

el estetoscopio

سٹیتھوسکوپ

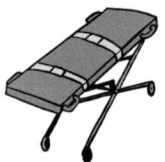

la camilla

اسٹریچر

el termómetro

کلینکل تھرمومیٹر

el nacimiento

پیدائش

el sobrepeso

زائدالوزن

74   el hospital - ہسپتال

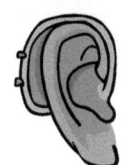

el audífono

سنن لئی آله

el desinfectante

جراثیم کش

la infección

متعدی مرض

el virus

وائرس

el VIH / SIDA

HIV/AIDS

el remedio

دوائی

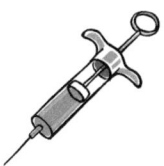

la vacunación

ویکسینیشن

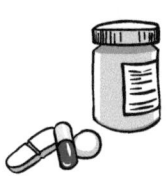

los comprimidos

گولیاں

la pastilla anticonceptiva

گولی

llamada de emergencia

ہنگامی کال

el tensiómetro

بلڈ پریشر مانیٹر

enfermo / sano

بیمار / صحتمند

¡Ayuda!

مدد!

la alarma

الارم

la agresión

حمله

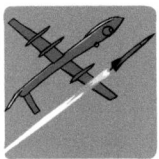

el ataque

حمله

el peligro

خطره

la salida de emergencia

بنگامى اخراج

¡Fuego!

اگ!

el matafuego

اگ بجاهن والا آله

el accidente

حادثه

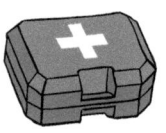

el botiquín de primeros
auxilios

فرسٹ ایڈ کٹ

el SOS

SOS

la policía

پلس

Europa

يورپ

América del Norte

شمالی امریکہ

América del Sur

جنوبی امریکہ

África

افریقہ

Asia

ایشیاء

Australia

آسٹریلیا

el Atlántico

اٹلانٹک

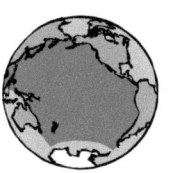

el Pacífico

پیسیفک

el Océano Índico

بحیرہ ہند

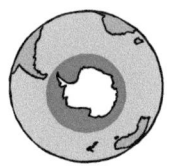

el Océano Antártico

بحیرہ انٹارکٹک

el Océano Ártico

بحیرہ آرکٹیک

el polo norte

قطب شمالی

el polo sur

قطب جنوبی

la Antártida

انٹارکٹیکا

la Tierra

زمین

la tierra

خشکی

el mar

سمندر

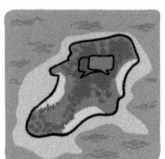

la isla

جزیرہ

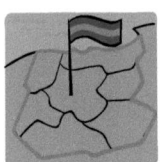

la nación

قوم

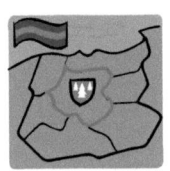

el estado

ریاست

la esfera

کلاک فیس

la manecilla de las horas

نکی سوئی

el minutero

وڈی سوئی

el segundero

سیکنڈ ہینڈ

¿Qué hora es?

کی ٹائم ہو یا اے؟

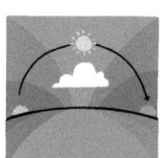

el día

دن

la hora

وقت

ahora

ہون

el reloj digital

ڈیجیٹل گھڑی

el minuto

منٹ

la hora

گھنٹہ

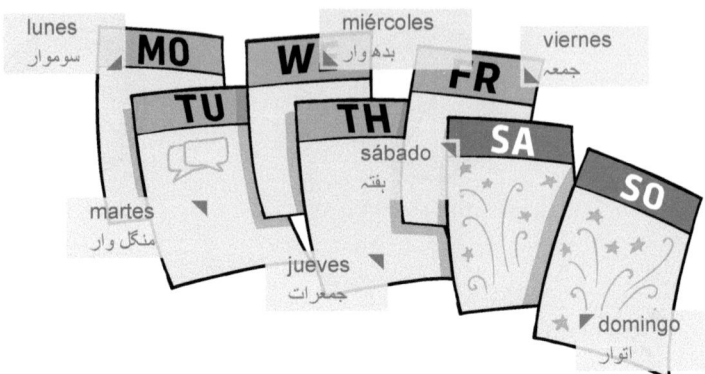

lunes
سوموار

miércoles
بدھوار

viernes
جمعہ

martes
منگل وار

jueves
جمعرات

sábado
ہفتہ

domingo
اتوار

ayer
کل

hoy
اج

mañana
کل

la mañana
سویر

el mediodía
دوپہر

la tarde
شام

los días hábiles
کاروباری دن

el fin de semana
ویک اینڈ

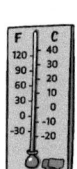

el año

سال

el arco iris
رین بو
la lluvia
بارش
la nieve
برف
el viento
ہوا
la primavera
بہار
el otoño
خزاں
el verano
گرمی
el invierno
سردی

4.APRIL 11°
5.APRIL 4°
6.APRIL 13°
7.APRIL 8°
8.APRIL 10°

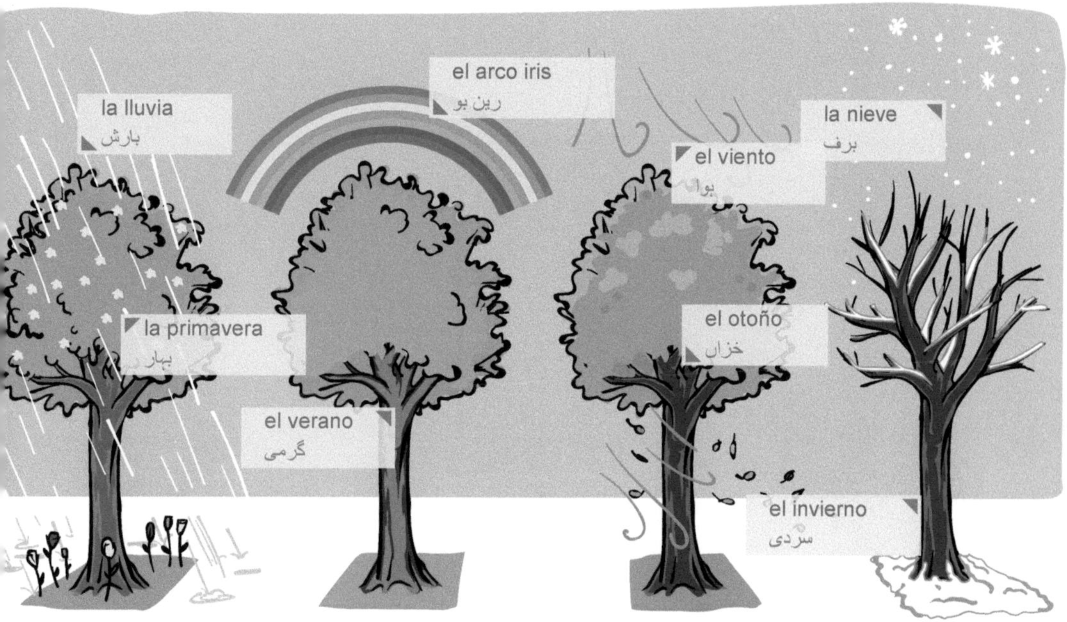

pronóstico meteorológico

موسمی پیشگوئی

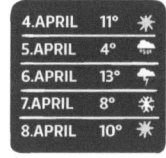

F C
120 40
90 30
60 20
30 10
0 0
-30 -10
-20

el termómetro

تھرمامیٹر

la luz del sol

سورج نے چمک

la nube

بدل

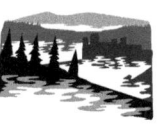

la niebla

دھند

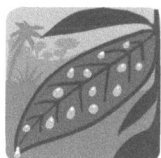

la humedad

نمی

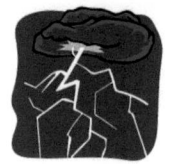

el rayo

بجلی کڑکنا

el trueno

گرج

la tormenta

نھیری

el granizo

اولے

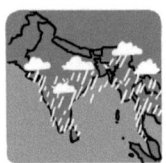

el monzón

ساون

la inundación

سیلاب

el hielo

برف

enero

جنوری

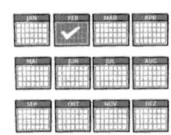

febrero

فروری

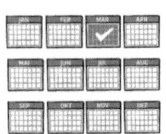

marzo

مارچ

abril

اپریل

mayo

منی

junio

جون

julio

جولائی

agosto

اگست

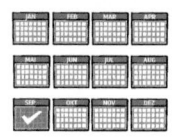

septiembre

ستمبر

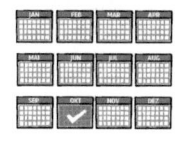

octubre

اکتوبر

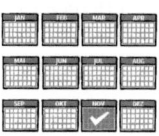

noviembre

نومبر

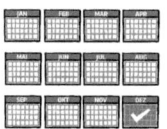

diciembre

دسمبر

las formas

شکلاں

el círculo

گول

el cuadrado

چوکور

el rectángulo

مستطیل

el triángulo

مثلث

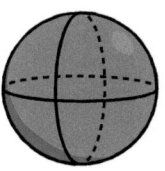

la esfera

دائرہ نما

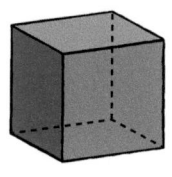

el cubo

مکعب

blanco

چٹا

amarillo

پیلا

naranja

نارنجی

rosa

گلابی

rojo

رتا

violeta

جامنی

azul

نیلا

verde

برا

marrón

کتھنی

gris

سرمئی

negro

کالا

mucho / poco

زیاده / گهٹ

enojado / tranquilo

ناراض / پرسکون

lindo / feo

خوبصورت / بدصورت

el principio / el fin

ابتداء / اختتام

grande / chico

وڈا / نکا

claro / oscuro

روشن / نهیرا

el hermano / la hermana

بهرا / بہن

limpio / sucio

صاف / گندا

completo / incompleto

مكمل / نا مكمل

el día / la noche

دن / رات

muerto / vivo

مرده / انده

ancho / angosto

چوڑا / تنگ

comestible / no comestible

خوردنی / ناقابل خوردنی

malo / amable

پھیڑا / چنگا

entusiasmado / aburrido

خوش / ناخوش

gordo / flaco

موٹا / پتلا

primero / último

پہلا / آخری

el amigo / el enemigo

دوست / دشمن

lleno / vacío

بھریا / خالی

duro / blando

سخت / نرم

pesado / liviano

بھاری / ہلکا

el hambre / la sed

بھوک / پیاس

enfermo / sano

بیمار / صحتمند

ilegal / legal

قانونی / غیر قانونی

inteligente / estúpido

ذہین / بیوقوف

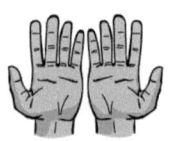

izquierda / derecha

کھبا / سجا

cerca / lejos

کولے / دور

nuevo / usado

نواں / پرانا

nada / algo

کچھ نہیں / سب کچھ

viejo / joven

بڑھا / جوان

encendido / apagado

کھولنا / بند کرنا

abierto / cerrado

کھولنا / بند کرنا

silencioso / ruidoso

خاموشی / شور

rico / pobre

امیر / غریب

correcto / incorrecto

درست / غلط

áspero / suave

کھردرا / ہموار

triste / contento

افسردہ / خوش

corto / largo

نکا / لما

lento / rápido

آہستہ / تیز

mojado / seco

گیلا / خشک

caliente / frío

گرم / ٹھنڈا

guerra / paz

جنگ / امن

los opuestos - مخالف   87

los números

0

cero

صفر

1

uno

اک

2

dos

دو

3

tres

تن

4

cuatro

چار

5

cinco

پنج

6

seis

چه

7

siete

ست

8

ocho

اٹھ

9

nueve

نو

10

diez

دس

11

once

یاراں

12

doce

باران

13

trece

تيران

14

catorce

چودا

15

quince

پندره

16

dieciséis

سوله

17

diecisiete

ستاران

18

dieciocho

اٹھاراں

19

diecinueve

انیہ

20

veinte

وی

100

cien

سو

1.000

mil

ہزار

1.000.000

el millón

ملین

los idiomas

el inglés

انگریزی

el inglés americano

امریکی انگریزی

el chino mandarín

چینی مینڈیرین

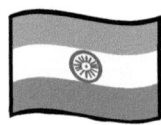

el hindi

ہندی

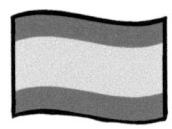

el español

سپینش

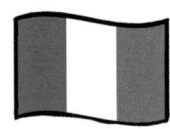

el francés

فرینچ

el árabe

عربی

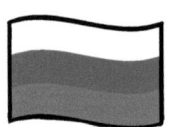

el ruso

رشئین

el portugués

پرتگالی

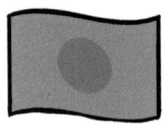

el bengalí

بنگالی

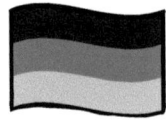

el alemán

جرمن

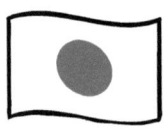

el japonés

جاپانی

yo

میں

vos

توں

él / ella

وہ/اوہ/لایہہ

nosotros

أسيں

ustedes

توں

ellos

او

¿quién?

کون؟

¿qué?

کی؟

¿cómo?

کیویں؟

¿dónde?

کتھے؟

¿cuándo?

کدوں؟

el nombre

نان

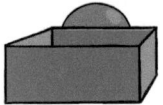

detrás

پچھے

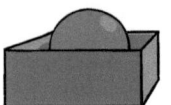

en

وچ

adelante de

نے سامنے

por encima de

تے

sobre

تے

debajo de

ہیٹھ

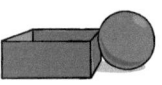

al lado de

سوا

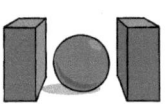

entre

مابین

el lugar

جگہ